AF229816

# PETITE
# CONVERSATION

## Entre un Electeur

## ET UN CONSEILLER MUNICIPAL

### PAR

### Pierre JOIGNEAUX

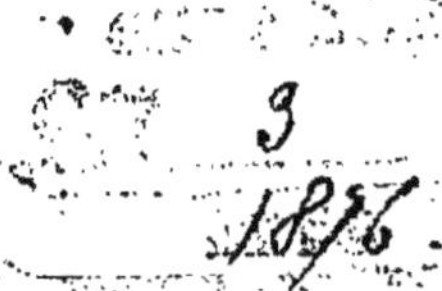

## BEAUNE

IMPRIMERIE LAMBERT, GRAND'RUE, 18

1876

Beaune, typ. Lambert.

# PETITE
# CONVERSATION
## Entre un Electeur
## Et un CONSEILLER MUNICIPAL

J'entends dire autour de moi que les
délégués sénatoriaux des communes ne
seront point en majorité animés du meilleur esprit. Ceci est de la prophétie d'al-
manach, dont il ne faut ni jurer ni se
moquer avant que la date soit passée. On
ne sait jamais au juste de quoi il retour-
nera dans les entreprises de ce monde ;
le vent peut souffler du côté où on l'at-
tend le moins. Le mieux est de ne ré-
pondre et de ne désespérer de rien.

Je me souviens à ce propos des cou-
teaux de Saint-Claude. Quand j'étais
jeune, je les croyais tout au plus bons à
ouvrir des noix et à couper les doigts. Je

fus bien étonné d'apprendre qu'avec de si méchantes lames, les pâtres du Jura arrivaient à sculpter sur bois de très jolies choses. J'en conclus qu'en y mettant de la patience et de la persévérance, on peut tirer un excellent parti de divers moyens dont à première vue l'on en attendait guère, et que tant vaut l'ouvrier tant vaut l'outil. Ne répondons de rien, mais essayons de tout. Si les délégués des communes allaient nous faire une heureuse surprise, comme nous battrions des mains !

Je ne suis point du conseil municipal de mon endroit ; seulement, en ma qualité modeste d'électeur, j'ai travaillé à la nomination des conseillers. En ce moment là, j'ai pensé que pour mener à bien les affaires communales, il convenait d'en charger des personnes de bonnes vie et mœurs, qui y fussent intéressées et n'eussent pas le jugement à rebours. Il n'a pas été question de politique, parce qu'alors on ne supposait point que les communes auraient un jour à choisir des délégués, et que ceux-ci, à leur tour, auraient à nommer des sénateurs. Je me disais tout bonnement ceci : « Il y a des anticipations de riverains sur les chemins vicinaux, et un bornage devient nécessaire ; les femmes de chez nous se plaignent de n'avoir pas de lavoir couvert, il est temps d'y songer ; les cultivateurs voudraient des règlements pour le pàturage des moutons, et ils ont raison de les vouloir. »

Plusieurs dans le village étaient absolument de mon avis là-dessus. Je pourrais vous les citer tous, mais je me contente de vous citer Benoît Faucheux.

Naturellement, je devais voter pour Benoît Faucheux et les autres, à cause de leur manière de voir. Je ne sais pas au juste et ne m'inquiétais pas de savoir de quelle couleur ils sont en politique. Peut-être ne sont-ils d'aucune. Après tout, pensais-je, ça m'est bien égal ; l'essentiel pour ce qu'on veut en faire, c'est qu'ils soient de braves gens, suffisamment éclairés pour débrouiller nos petites affaires de clocher et employer comme il faut notre argent.

En définitive, j'ai donné ma voix à

Benoît Faucheux et aux camarades qui pensaient comme lui et comme moi sur les choses que je vous ai dites.

Si j'avais supposé que le conseil municipal deviendrait un corps politique, vous devez croire qu'avant de travailler à leur nomination, je les aurais un peu tirés à part et questionnés sur différents points.

Mais c'est fait, et je causerais là-dessus des heures et des journées que ça ne se déferait pas. Ce qui me tranquillise un peu, c'est que Benoît Faucheux et les autres conseillers ont une vieille réputation d'honnêteté et de sens commun. Or, avec ce monde-là, il y a plus de ressources qu'on ne pense. J'ai déjà vu Benoît à la dernière foire de la ville ; je verrai ses camarades à l'occasion, et s'ils ont l'entendement aussi aisé que lui, nous arriverons à un arrangement.

— Voyons, Benoît, lui ai-je demandé, quelle nouvelle ?

— Mon Dieu ! pas grand'chose, m'at-il répondu. Les denrées ne se vendent pas mal, et les bêtes grasses ont toujours leur prix. Pourvu qu'il ne se fasse point de tremblement, et que la tranquillité dure, vous n'entendrez personne trop se plaindre.

— La tranquillité, dites-vous? Mais vous l'avez dans la main, vous autres gens des campagnes. Si elle venait à manquer, c'est que vous auriez bien voulu la lâcher. Vous avez un gouvernement qui s'appelle la République, et qui seul est de force à mettre les brouillons à la raison. Il ne dépend que de vous de la garder, et en la gardant, la tranquillité vous restera.

— Et comment faut-il s'y prendre pour la garder? questionna Benoît.

— Il faut d'abord, ai-je dit à Benoit, que vous sachiez bien ce que vaut la République. Lorsqu'il vous arrive, en labourant, de découvrir une pièce de monnaie, vous commencez par la frotter et la nettoyer sur votre manche de blouse. Si c'est un vieux sou, vous n'y prenez point garde. Si c'est de l'argent blanc, vous le mettez en bonne place. Si c'est de l'or, vous le cachez sous un nœud que vous faites à votre mouchoir. Vous n'avez, mon camarade, qu'à examiner les gouvernements qu'on vous propose d'aussi près que vous examinez la pièce trouvée au champ, et naturellement celui qui vous paraîtra le meilleur sera celui qui passera avant les autres et que vous garderez avec une sollicitude toute particulière.

— C'est possible, fit Benoît Faucheux.

— C'est sûr, lui répondis-je, et je parierais cent sous contre un centime que vous allez prendre couleur au bout de deux minutes de raisonnement. Ecoutez ceci, Benoît, et suivez bien :

Le maître du château, son régisseur, son valet de chambre, son cocher, son jardinier, ses fermiers et quelques-uns encore des tenants et aboutissants sont d'avis que le meilleur des gouvernements serait la royauté d'avant 89, avec le drapeau blanc et le comte de Chambord pour souverain. C'est leur idée ou leur intérêt, ils n'en démordent pas.

Le gros monsieur d'à côté, qui n'est

point noble, mais qui — entre nous soit dit — enrage de ne pas l'être, prétend de son côté que le comte de Paris avec le drapeau tricolore serait préférable au comte de Chambord avec son drapeau blanc. C'est l'opinion du gros monsieur, et je la respecte parce qu'il a le droit d'en avoir une.

Le bonapartiste assure qu'une troisième espèce de royauté, qu'il nomme empire et qui s'accommoderait du suffrage universel, est supérieure aux deux précédentes, qui repoussent ledit suffrage.

Le républicain part d'un éclat de rire en songeant à la manière dont on se servait du suffrage universel sous l'Empire, et il affirme avec raison que le suffrage universel vrai et libre n'est pas plus possible avec un empereur qu'avec un roi. Il n'est, en effet, et ne peut être possible qu'avec la République.

Voilà, Benoît, les quatre gouvernements qu'on vous offre ; examinons-les ensemble. Le seul moyen de les bien juger, c'est de les comparer l'un après l'autre à l'administration communale qui, au bout du compte, est un petit gouvernement.

Figurez-vous une commune qui serait administrée pár le régisseur du château, et, après la mort de celui-ci, par l'aîné de ses garçons ou un parent quelconque, et toujours ainsi, sans que l'on puisse sortir de la famille. Figurez-vous avec cela des conseillers municipaux qui seraient les fermiers du château et ne se permettraient jamais d'avoir sur les choses de la commune un avis différent du régisseur. Ils auraient le premier banc à l'église, les plus beaux cierges et les meilleures tranches de pain bénit. Ceci, Benoît, vous représente la royauté d'avant 89. La France était la grande commune, le roi en était le maire sa vie durant; après lui, c'était le tour de l'aîné de ses garçons ou d'un proche parent. Il choisissait ses conseillers, qu'il appelait ministres, et qui ne devaient point, eux non plus, avoir d'autre opinion que la sienne. Pas de suffrage universel, bien entendu; le menu monde des roturiers et manants, comme vous et moi, payait l'impôt, ne comptait pour rien. Cela vous irait-il, Benoît?

— Pas du tout.

— C'est ce que vous auriez portant avec le comte de Chambord.

Figurez-vous maintenant une commune avec un chef à vie, qui continuerait de s'appeler monsieur le maire, et qui serait remplacé après sa mort toujours par l'aîné de ses garçons ou un de ses proches. Il aurait à côté de lui un conseil municipal d'une douzaine d'individus, je suppose, nommés par les plus imposés de la commune, et ces douze individus seraient censés faire toute la besogne et responsables de tout. Ceci, Benoît, vous représente le gouvernement constitutionnel du comte de Paris, que voudrait le monsieur d'à côté. Ce serait un petit progrès sur la royauté d'avant 89, mais si petit qu'il ne vaut guère la peine de se déranger. Toujours pas de suffrage universel, qui est devenu la chose essentielle comme le pain à tous nos repas. Cela vous irait-il, Benoît ?

— Aucunement. Une administration communale qui ne représenterait que les gros de l'endroit et un gouvernement qui empêcherait les patriotes de nommer leurs députés ne sauraient plus convenir.

Les gens de partout ont leur amour-
propre et leurs habitudes, et, ma foi !
ils y tiennent.

— Donc, pas plus de comte de Paris
que de comte de Chambord ; soit dit sans
la moindre intention de les offenser.

Figurez-vous encore une commune où
quelque rusé gaillard arrive à se faire
une réputation de grand guerrier et avec
cela de bon enfant, il fricotte un peu avec
tout le monde ; il n'est pas fier, il cause
en pleine rue avec ceux-ci, avec ceux-là :
il dit du bien du suffrage universel, il a
fait boire du champagne au garde-champêtre, il a payé des casques aux pom-
piers. L'occasion de nommer un maire se
présente ; on le nomme à l'unanimité
pour la vie, avec l'assurance que la place
ne sortira pas de la famille. Ceci, Benoît,
vous représente le gouvernement impé-
rial. C'est vous autres qui choisirez les
conseillers, mais vous ne les choisirez
que sur l'indication de monsieur le maire,
comme on ne choisissait les députés que
sur l'indication de l'empereur. On vous
dira : Vous avez la souveraineté, vous avez
la liberté du vote, personne ne vous force

d'agir contre votre conscience ; mais rappelez-vous bien que si vous ne votez pas selon le désir de monsieur le maire ou selon le désir de l'empereur, il pourra vous en cuire. Vous avez une affaire en justice de paix, vous êtes en retard de plusieurs douzièmes avec le percepteur, vous avez un aqueduc en mauvais état, votre tas de fagots est un peu sur la voie publique, vous avez une vache marau-deuse : le garde-champêtre aura l'œil sur vous, etc. etc. Cela vous irait-il, Benoît ?

— Non, non, cela ne m'irait pas.

Alors vous ne voulez ni des royautés héréditaires sans le suffrage universel, ni de l'Empire héréditaire avec le suf-frage universel et les candidatures offi-cielles, qui gênent ou empêchent la li-berté du vote ?

— Certainement non.

Dans ce cas, mon brave homme, vous n'avez plus à choisir. Ce qu'il vous faut, c'est le gouvernement républicain avec un chef élu pour quelques années, avec le suffrage universel pour base, avec la li-berté complète du vote, avec les conseillers municipaux nommés par tous les électeurs, et avec les maires nommés par les conseillers municipaux. Et quand une bonne fois vous aurez dit : « Oui, nous demandons cela et pas autre chose », vous obtiendrez la tranquillité sous la République.

Le 16 janvier prochain, vous aurez l'occasion, à la mairie, de montrer votre volonté en nommant un délégué sénatorial. Choisissez-en un parmi vous autres ou dans l'endroit qui ne laisse rien à reprendre quant à l'honnêteté, qui n'ait pas peur de s'avouer républicain et qui soit franc du collier. Méfiez-vous des hésitants, des câlins, des doucereux, qui, afin de ménager tout le monde, ne savent quel parti servir et sont presque toujours de l'avis du dernier qui leur parle.

Benoît Faucheux m'a répondu carrément que c'était une affaire convenue.

P. JOIGNEAUX.